AF391046

18 décembre 1911

VENTE

des Lundi 18, Mardi 19
et Mercredi 20 Décembre 1911

HOTEL DROUOT, SALLE 12

A 2 HEURES

Fourrures

et Pelleteries

VÊTEMENTS CONFECTIONNÉS

PEAUX BRUTES   SOIERIES

Mᵉ Georges LEBAILLY
COMMISSAIRE-PRISEUR
3, Boulevard Sébastopol

M. L. LABRY
EXPERT
49, Rue Claude-Bernard

VENTE AUX ENCHÈRES PUBLIQUES

Après décès de M. G...,

A vertu d'ordonnance enregistrée à la requête de M. Desbleumortiers,
administrateur judiciaire au Tribunal Civil de la Seine,
5, Boulevard St-Michel.

DE

FOURRURES & PELLETERIES

VÊTEMENTS CONFECTIONNÉS :

Manteaux, Étoles, Écharpes, Manchons, Cravates en Loutre,
Astrakan, Karakul, Renard, Hermine, Martre, Skunks Opossum

Très nombreux LOTS DE PEAUX BRUTES :

Astrakan, Loutre, Skunks, Martre, etc.

FORT LOT DE SOIERIES

Doublures et Fournitures diverses

HOTEL DROUOT, SALLE N° 12

LUNDI 18, MARDI 19, MERCREDI 20 DÉCEMBRE 1911

A 2 HEURES

COMMISSAIRE-PRISEUR	EXPERT
M° Georges LEBAILLY	M. L. LABRY
3, Boul. Sébastopol	49, Rue Claude-Bernard

EXPOSITION PUBLIQUE

Le Dimanche 17 Décembre 1911, de 2 h. à 6 h

CONDITIONS DE LA VENTE

Elle sera faite au comptant.

Les adjudicataires paieront 10 % en sus des enchères.

Le Commissaire-priseur se réserve le droit, dans l'intérêt de la vente, de diviser ou de grouper les numéros du présent Catalogue.

La vente étant judiciaire, il ne sera admis aucune réclamation une fois l'adjudication prononcée.

Paris. — Imp. MORIÈRE, 50, Faubourg Poissonnière.

DÉSIGNATION

I. - FOURRURES

1. Un grand manteau Astrakan-Perse, long. 135
2.   —   —   — 125
3.   —   —   — 100
4.   —   —   — 140
5. Un petit vêtement   —   — 80
6.   —   —   — 100
7. Un vêtement loutre d'Hudson, sans col, — 125
8. Un vêtement loutre d'Hudson, col carré, forme Empire, long. 125
9. Un vêtement loutre d'Hudson, façon Marie-Antoinette, long. 130
10. Un vêtement Electric, col opossum, long. 125
11.   —   —   — 125
12.   —   —   — 125
13.   —   —   — 125
14.   — façon Marie-Antoinette, — 125
15.   —   —   — 125
16. Un vêtement loutre Electric, façon Marie-Antoinette, long. 130
17. Un vêtement loutre Electric, long. 125
18.   — Hudsonnette,   — 125
19.   — loutre Electric,   — 100

20. Un vêtement Electric, col et parements opossum
gris, long. 130
21. Un vêtement genre Loutre, long. 100
22.   —   Colombia,   —   100
23.   —   Electric,   —   70
24.   —   —   —   70
25.   —   —   —   125
26.   —   —   —   110
27.   —   —   —   130
28.   —   Colombia,   —   100
29.   —   Electric,   —   85
30.   —   Colombia,   —   100
31.   —   —   —   125
32.   —   —   —   70
33.   —   Electric,   —   90
34.   —   —   —   100
35. Un vêtement genre loutre Electric, long. 110
36.   —   Electric, col opossum bleuté, non
doublé, long. 130
37. 7 vêtements genre Loutre, non doublés,
long. 125 et 130
38. 11 vêtements genre Loutre, non doublés,
long. 70 et 100
39. Un vêtement genre Loutre, long.   70
40.   —   Colombia,   —   100
41.   —   —   —   70
42.   —   —   —   100
43. Un vêtement Kid-Karakul,   —   90
44.   —   —   —   110
45.   —   —   —   100
46.   —   —   —   100
47.   —   —   —   125
48.   —   —   —   130
49.   —   —   —   125

50. Un vêtement Kid-Karakul, long. 100
51.　　—　　　　—　　　　—　　85
52.　　—　　　　—　　　　—　　85
53.　　—　　　　—　　　　—　110
54.　　—　　　　—　　　　—　110
55.　　—　　　　—　　　　—　110
56.　　—　　　　—　　　　—　100
57.　　—　　　　—　　　　—　100
58.　　—　　　　—　　　　—　100
59.　　—　　　　—　　　　—　110
60.　　—　　　　—　　　　—　110
61. 6　—　　　— non doublés, long.　110
62. 6　—　　　—　　—　　—　100
63. 9　—　　　—　　—　　— 70 et 90
64. 6　—　　　—　　—　—100 et 110
65. 6　— pattes d'astrakan, long. 110
66. 6　—　　　—　　non doublés,
　　　　　　　　　　　　　long. 110
67. 6　—　　　—　　non doublés,
　　　　　　　　　　　　　long. 100
68. Petit vêtement genre Loutre, long. 70
69.　　—　　　　—　　(en cours de fabri-
　　　　　　　　　　　　　cation)

Écharpes, Étoles & Manchons

70. 1 grande écharpe skunks doublée ventre de gris.
71.　　—　　　　— avec capuchon.
72.　　—　　　　—
73.　　—　　　　— (en cours de fabricat.).
74.　　—　　　　— doublée ventre de gris.
75.　　—　　　　— non doublée.
76.　　—　　　　—　　　—
77. Une grande étole-fichu skunks.
78.　　—　　　skunks.

79. Une grande étole skunks.
80.   —   —
81. Une cravate skunks.
82. Une étole-fichu skunks.
83. Une écharpe morceau de skunks.
84.   —   —
85. Une écharpe opossum.
86.   —   —
87.   —   —
88.   —   —
89. Un manchon hermine.
90.   —   martre de Prusse.
91. 6   —   astrakan Perse.
92. Une écharpe et un manchon dos de petit gris.
93. 2 manchons dos de petit gris.
94. 1   —   en renard du Japon.
95. 2   —   opossum.
96. 8   —   —
97. 1   —   en renard du Japon.
98. 4   —   skunks.
99. 3   —   renard du Japon (en fabrication).
100. 3   —   opossum et martre.
101. 3   —   divers.
102. 7   —   (en cours de fabrication).
103. 1   —   en renard du Japon.
104. 5   —   renard à 2 peaux.
105. 2   —   —
106. 2   —   —
107. 2   —   —
108. 1   —   — blanc 1 peau.
109. 1 étole renard blanc 2 peaux.
110.   —   —
111. 1 écossaise renard blanc.

112. 1 écossaise renard blanc.

113. 3 manchons hermine.

114. 5 cravates   —

115. 1 étole astrakan.

116. 1 —   —

117. 3 cravates astrakan.

118. 3 —   —

119. 3 —   —

120. 1 col astrakan non doublé.

121. 1 cravate en dos de petit gris.

122. 1 manchon hudsonnette et opossum.

123. 1 parure hudsonnette.

124. 1 —   —

125. 1 —   —

126. 1 —   —

127. 1 —   —

128. 1 écharpe   —

129. 4 manchons   —

129 *1*. 1 écharpe petit gris lustré martre, non doublée.

129 *2*. 1 manchon martre du Canada, en cours de fabrication (sans les têtes).

129 *3*. 2 manchons et 2 bandes formant étole, non doublée, en opossum naturel bleuté d'Australie.

129 *4*. 1 grand col et 2 parements skunks n cours de fabrication).

129 *5*. 1 manchon et 2 cravates en renard sitka (en cours de fabrication).

129 *6*.   —   —   —

129 *7*. 8 nappettes hudson (en cours de fabrication).

129 *8*. 4 belles peaux de renard sitka et une grande bande renard sitka (en cours de fabrication).

129 *9*. 1 col de martre de France frotté et 1 cravate renard sitka, 2 peaux neuves.

130. 1 étole skunks.
131. 16 écharpes avec queues opossum lustré skunks.
132. 8 — opossum lustré skunks.
133. 8 étoles opossum lustré skunks.
134. 1 — — martre.
135. — — —
136. 3 écharpes renard du Japon.
137. — — avec queues.
138. 1 — — avec tête et queue.
139. 4 grandes écharpes renard sitka.
140. — cravates —
141. 5 écharpes renard lustré sitka.
142. 1 — — —
143. 2 — — —
144. 10 cravates — sitka.
145. 1 écossaise — du Japon.
146. 1 écharpe — sitka.
147. — — lustré sitka.
148. 48 cravates — —
149. 1 écharpe en dos de petit gris.
150. 1 cravate 2 peaux de martre de France.
151. — — — de Prusse.
152. 2 écharpes hudsonnette, non doublées.
153. 2 — — —
154. 1 — — —
155. 4 manchons — —
156. 17 cravates martre opossum.
157. 8 — —
158. 1 peau de léopard naturalisée.
159. — de lynx —
160. 1 martre naturalisée.

II. - PELLETERIES

161. Un lot de 104 douzaines lapin rasé, épilé, électric.

162. Un lot de 59 douzaines lapin rasé court. *Étiquette noire U. Déon.*

163. Un lot de 145 douzaines lapin rasé court. *Étiquette rouge U. Déon.*

164. Un lot de 21 douzaines lapin demi rasé. *Étiquettes noires électric U. Déon.*

165. Un lot de 8 douzaines lapin demi rasé. *Étiquettes vertes U. Déon.*

166. Un lot de 6 douzaines lapin épilé électric.

167. — de 60 peaux dépareillées, lapin électric.

168. — — — — désassorties

169. 8 peaux renard Japon, extra.

170. 20 — — —

171. 20 — — —

172. 24 — — —

173. 35 — — —

174. 20 — astrakan Persianer Ier choix, assorties.

175. 8 — — — —

176. 32 - — Perse.

177. 6 — de martre de Prusse, naturelles, assorties.

178. 3 — — — assorties.

179. 30 — renard Cordillères.

180. 7 — — — extra.

181. Un lot de 44 peaux renard lustré sitka (Mandchourie).

182. Un lot de 20 peaux renard lustré sitka, Ier choix.

183. — de 10 — — — —

184. — — — — sitka, extra Prima.

185. — — — — lustré sitka extra.

186. Un lot de 20 peaux renard sitka, extra Prima.
187. — de 10 — — —
188. — de 4 — — Mandchourie, lustré
    sitka.
189. — de 17 — — sitka extra (2).
190. — de 18 — — — (2).
191. — de 26 — — — (3).
192. — de 11 — — lustré sitka.
193. — de 30 — — —
194. 6 peaux 1/2 renard sitka extra (2).
195. Un lot de 116 nappettes hudsonnette (garenne
    Australie lustré Chapal)
196. Un lot de 47 peaux skunks Canada (extra prima).
197. — de 38 — — —
198. — de 26 — — extra.
199. — de 24 — — —
200. — de 40 — — —
201. — de 50 — —
202. — de 24 — skunks défectueux.
203. — de 6 — — extra.
204. — de 2 — — — prima.
205. 11 peaux ragondin.
206. Un lot de 56 peaux opossum lustré skunks.
207. — de 40 — skunks du Canada lustré noir.
208. — de 3 — chèvres du Thibet lustrées.
209. — de 56 — opossum d'Amérique lustré
    martre.
210. — de 37 croix de Kid-Karakul plat, cuir
    bleu, Ier choix, extra.
211 Un lot de 59 croix de Kid-Karakul plat, extra.
212. — de 11 peaux Murmelle.
213. — de 8 sacs ventré de gris extra.
214. — de 12 nappettes skunks naturel, travaillé
    en bandes.

215. Un lot de 4 belles peaux marmotte lustrée.
216.   — de 150 peaux Karakul.
217·   — de 38   —   Breitschwantz extra.
218.   — de 20   —   Karakul extra.
219.   — de 11   —   d'opossum naturel bleuté d'Australie.
220. 5 bandes petit gris lustré martre.
221. 66 dos petit gris lustré martre.
222. 2 très belles peaux renard sitka et 1 manchon (en cours de fabrication).
223   Un lot de 25 queues artificielles renard.
224.   — de 75   —   —   —
225.   — de 74   —   —   martre.
226.   — de 240   —   —   petit gris lustré skunks.
227.   — de 100   —   petit gris lustré noir.
228.   — de 44   —   de renard naturelles dépareillées.
229.   — de queues artificielles.
229 1. Un lot de 82 queues de renard artificielles.
230. Un lot de 80 taupes.
230 1. Un lot de pattes de renard.
230 2.   —   —   d'astrakan (13 kilogr. net).
231. 2 écharpes et 1 manchon hudsonnette, non doublés (en cours de fabrication).
232. 12 nappettes hudsonnette lapin d'Australie lustré Chapal.
233. Un lot de boutons ouate, ouatine, toile, etc
234. Sous ce numéro, lots omis au Catalogue.

III. - SOIERIES

Un lot important de soieries en pièces et coupes.
1.200 à 1.500 mètres en Liberty et Merveilleux
pure soie.
Largeurs : 50, 70 et 100.